Veronika Pichl

Fitness SHAKES UND SMOOTHIES

Über 50 proteinreiche Rezepte für Muskelaufbau und Fettverbrennung

riva

Bibliografische Information der Deutschen Nationalbibliothek
Die Deutsche Nationalbibliothek verzeichnet diese Publikation in der Deutschen Nationalbibliografie. Detaillierte bibliografische Daten sind im Internet über http://dnb.de abrufbar.

Für Fragen und Anregungen
info@m-vg.de

Originalausgabe
4. Auflage 2025

Türkenstraße 89
80799 München
Tel.: 089 651285-0

Redaktion: Caroline Kazianka
Umschlaggestaltung: Sonja Vallant
Umschlagabbildungen: Vorderseite: Stephanie Just; Rückseite: Shutterstock.com: nblx, Lecic, Vladislav Noseek
Satz: inpunkt[w]o, Haiger (www.inpunktwo.de)
Druck: Florjancic Tisk d.o.o., Slowenien
Printed in the EU

ISBN Print 978-3-7423-2107-7
ISBN E-Book (EPUB, Mobi) 978-3-7453-1880-7

INHALT

21 Shakes mit Proteinpulver

FITNESS-SHAKES UND SMOOTHIES – BOOSTER FÜR MUSKELAUFBAU UND FETTVERBRENNUNG

Um Muskeln aufzubauen oder überschüssige Pfunde loszuwerden, gibt es leider kein Wundermittel, mit dem sich diese Ziele über Nacht erreichen ließen. An Training und einer gesunden, den eigenen Zielen angepassten Ernährung führt daher kein Weg vorbei. Allerdings gibt es ein besonders cleveres »Hilfsmittel«, das sowohl beim Muskelaufbau als auch bei der Gewichtsreduktion unterstützen kann: Eiweiß!

Über die Nahrung aufgenommenes Eiweiß oder Protein kann dabei helfen, Muskeln wachsen und Körperfett schmelzen zu lassen. Das gilt zumindest dann, wenn es in ausreichender Menge zugeführt wird. Geht es um den Muskelaufbau, gelten dabei etwa 1,6 bis 2,2 Gramm Protein pro Kilogramm Körpergewicht als optimal. Allerdings ist es oft gar nicht so leicht, diese Proteinmenge mithilfe »gewöhnlicher« Mahlzeiten zu sich zu nehmen und gleichzeitig kalorien- und damit figurbewusst zu essen.

Abhilfe schaffen da proteinreiche Fitness-Shakes und Smoothies. Sie sind zum einen schnell zubereitet, gesund und lecker. Außerdem machen sie satt und können denjenigen, die ihr Gewicht reduzieren möchten, optimal auch als Mahlzeitenersatz dienen. Darüber hinaus liefern sie wichtige Nährstoffe, kurbeln Muskelaufbau und Fettverbrennung an und helfen dabei, die für das eigene Figur-Ziel optimale Menge an Eiweiß zu sich zu nehmen.

PROTEIN FÜR MEHR MUSKELN UND WENIGER KÖRPERFETT

Proteine sind die Grundbausteine des menschlichen Körpers und müssen ihm über die Ernährung in ausreichender Menge zugeführt werden. Schließlich sind sie für viele Körperfunktionen unentbehrlich und zudem Hauptbestandteil der Muskeln.

Das bedeutet: Die Muskulatur kann ohne eine ausreichende Proteinzufuhr nicht wachsen – egal, wie viel Zeit und Energie in das Training der Muskulatur investiert wird. Zudem können Proteine auch dabei helfen, Körperfett abzubauen und so das gewünschte Gewicht zu erreichen.

Der Fettabbau durch eine gezielte proteinreiche Ernährung wird dabei möglich, da Lebensmittel, die viel Eiweiß

enthalten, einen höheren thermischen Effekt haben als andere. Der thermische Effekt gibt an, wie viel Energie der Körper aufwenden muss, um bestimmte Makronährstoffe zu verstoffwechseln.

Zum Vergleich:
Der thermische Effekt von Eiweiß liegt bei etwa 20 bis 30 Prozent. Der thermische Effekt von Kohlenhydraten beträgt nur 5 bis 10 Prozent. Der von Fett 0 bis höchstens 3 Prozent.

Wenn man also 100 Kilokalorien in Form von Protein aufnimmt, werden ca. 20 bis 30 Prozent der Kalorien als Energie für die Verstoffwechslung aufgewendet. Es bleiben nur etwa 70 Kilokalorien übrig, die vom Körper verwertet werden können. Bei Fett hingegen stehen dem Körper bei 100 Kilokalorien auch ca. 97 bis 100 Kilokalorien zur Verfügung.

Durch eine proteinreiche Ernährung lassen sich also einige Kalorien täglich einsparen bzw. mehr Kalorien verbrennen.

SIND SHAKES UND SMOOTHIES ZUR AUFNAHME VON PROTEIN NÖTIG?

Proteinreiche Shakes und Smoothies sind eine sinnvolle Nahrungsergänzung. Das hängt zum einen damit zusammen, dass der menschliche Körper in jeder Lebenslage auf eine ausreichende Proteinzufuhr angewiesen ist.

Zum anderen können sie aber auch weitere wichtige Aufgaben erfüllen:

- Sie können beim Abnehmen helfen: Proteine machen im Vergleich zu anderen Makronährstoffen besonders lange satt. Wer sein Gewicht reduzieren möchte, kann proteinreiche Smoothies und Shakes daher als Mahlzeitenersatz verwenden. Durch den hohen Proteingehalt wird dabei das Einsparen von Kalorien ganz ohne Hungern möglich.
- Sie sind wichtig für den Muskelaufbau: Proteine sind essenzielle Nährstoffe und unter anderem der Stoff, aus dem Muskeln bestehen. Wer durch Krafttraining mehr Muskulatur aufbauen möchte, muss daher zwingend eine ausreichende Menge an Eiweiß zu sich nehmen. Schließlich kann der Körper selbst bei intensivem Training nur dann Muskulatur aufbauen, wenn ihm der richtige »Baustoff« zur Verfügung gestellt wird.
- Sie unterstützen Regeneration und Heilung: Eine proteinreiche Ernährung kommt unter anderem der Knochendichte zugute und unterstützt während der Erholungsphase nach dem Sport oder einer Verletzung die Regeneration der Muskulatur und des übrigen Körpers.

Das bedeutet: Eine ausreichende Proteinzufuhr bringt gleich mehrere Vorteile mit sich – und mit Shakes und Smoothies ist es ganz einfach, mehr Eiweiß aufzunehmen.

DIE RICHTIGE ZEIT FÜR PROTEINREICHE SHAKES UND SMOOTHIES – VOR ODER NACH DEM SPORT?

Insbesondere dann, wenn proteinreiche Shakes und Smoothies den Muskelaufbau unterstützen sollen, scheiden sich die Geister an der Frage, ob diese vor oder nach dem Training getrunken werden sollen. Allerdings zeigen wissenschaftliche Studien mittlerweile, dass sich die Erfolge beim Muskelaufbau von Personen, die Proteinshakes vor dem Training konsumieren, nicht signifikant von den Erfolgen derer unterscheiden, die einen proteinreichen Shake nach dem Training zu sich nehmen (https://pubmed.ncbi.nlm.nih.gov/24299050/). Das heißt für Sportler also, dass es nicht entscheidend ist, ob proteinreiche Shakes oder Smoothies vor oder nach dem Training getrunken werden. Wichtig ist lediglich, dass eine ausreichende Proteinzufuhr über den Tag hinweg gewährleistet ist.

Für Sportler ist es daher essenziell, darauf zu achten, dass rund 1,6 bis 2,2 Gramm Protein je Kilogramm Körpergewicht über den Tag verteilt aufgenommen werden. Zu welchem Zeitpunkt die Proteinaufnahme erfolgt, ist dabei zweitrangig.

PROTEIN-SHAKES UND -SMOOTHIES: DIESE ARTEN GIBT ES

Proteinreiche Shakes und Smoothies können sowohl allein aus »echten« Lebensmitteln als auch mit Proteinpulver hergestellt werden. In beiden Fällen können dabei zwei Arten von Shakes und Smoothies unterschieden werden: solche, die tierisches Eiweiß enthalten, und solche, die allein auf pflanzlichen Proteinen basieren.

Eiweißpulver aus tierischen Proteinen sind dabei etwa solche, die Whey- (also Molke) Protein, Kasein oder Ei-Protein enthalten. Wer auf einen Shake oder Smoothie allein aus »echten« Lebensmitteln setzt, kann sie durch Quark, Skyr, ähnliche Milchprodukte sowie Eier ersetzen.

Eiweißpulver aus pflanzlichen Proteinen werden aus Soja-, Erbsen-, Hanf- oder Mandelprotein hergestellt. Allerdings enthalten sie oft nicht alle Protein-Arten, die der Körper für Muskelaufbau und eine optimale Fettverbrennung benötigt. Wer diese Pulver verwendet, sollte seine restliche Ernährung zusätzlich bewusst proteinreich gestalten und etwa Bohnen, Tofu oder Linsen in den Speiseplan integrieren.

PROTEIN-POWER: PROTEINQUELLEN FÜR SHAKES UND SMOOTHIES

Wer sich einen Fitness-Shake oder Smoothie frisch zubereitet, hat meist bereits etwas Protein im Shaker. Denn viele Zutaten wie beispielsweise Bananen oder Spinat enthalten von Natur aus eine gewisse Menge an Protein (eine Banane mit 140 g hat 1,6 g P, 50 g Spinat enthalten 1,5 g P). In aller Regel reicht das allerdings nicht aus. Vor allem aktive Menschen brauchen mehr Protein und sollten den Proteingehalt im Fitness-Shake oder Smoothie daher gezielt erhöhen. Das klappt auf unterschiedliche Weise: mit und ohne Proteinpulver, vegetarisch und vegan.

PROTEINGEHALT MIT PROTEINPULVER ERHÖHEN

Proteinpulver ist eine praktische und einfache Möglichkeit, um den Gehalt an Protein im Fitness-Shake oder Smoothie schnell zu erhöhen. Die Pulver können tierischen Ursprungs sein oder aus pflanzlichen Proteinen bestehen. Zur Auswahl stehen verschiedene Geschmacksrichtungen wie beispielsweise Vanille, Schoko oder Erdbeere. Es gibt aber auch neutrale Proteinpulver, die kaum oder keinen Eigengeschmack aufweisen. Wem der Shake oder Smoothie mit einem solchen neutralen Pulver zu fade schmeckt, der kann mit Fruchtpulvern (gemahlene, gefriergetrocknete Früchte), Flavour-Pulvern oder Flavour-Drops Abhilfe schaffen. Bei Flavour-Pulvern und Flavour-Drops gibt es viele unterschiedliche Geschmacksrichtungen, sodass der Fitness-Shake oder Fitness-Smoothie dann nach Belieben nach Cookies, Eierlikör, Käsekuchen, Marzipan oder Papaya schmecken kann, um nur einige Beispiele zu nennen. Eine Übersicht von Produkten und Empfehlungen für Fitness-Shakes findest du auf **happyfitfood.de/Fitness-Shakes**.

PROTEINPULVER AUS TIERISCHEN PROTEINEN

Proteinpulver tierischen Ursprungs bestehen meist aus Molkenprotein (Eiweiß aus der Molke). Molkenprotein ist neben Kasein ein Bestandteil von Milch. In der Regel wird Kuhmilch verwendet. Der englische Begriff Whey hat sich auch im deutschsprachigen Raum für Proteinpulver aus tierischen Proteinen etabliert. Es werden Whey-Hydrolysat (WPH – Whey Protein Hydrolysate), Whey-Isolat (WPI – Whey Protein Isolate) und Whey-Konzentrat (WPC – Whey Protein Concentrate) unterschieden.

Whey-Hydrolysat besteht aus kurzen Peptid-Ketten und ist deshalb leichter verdaulich. Es hat aber den Nachteil, dass der Geschmack unangenehm bitter ist. Zudem ist es deutlich teurer als Whey-Isolat und Whey-Konzentrat. Whey-Isolat bezeichnet isoliertes Eiweiß, denn das Protein wird bei der Herstellung von Fett, Kohlenhydraten und Lactose getrennt. Deshalb weist es besonders viel Protein auf, enthält wenig Kalorien und ist gut verträglich.

Whey-Konzentrat ist ein Proteinpulver, das nicht erhitzt wurde und mikrofiltriert ist. Es beinhaltet viele essenzielle Aminosäuren. Proteinpulver aus tierischen Proteinen basieren meist auf Whey-Konzentrat.

Zahlreiche Proteinpulver aus tierischen Proteinen enthalten aber nicht nur eine Art von Whey. Auch Mischungen aus Isolat und Konzentrat sind üblich.

Neben Whey-Proteinpulvern sind auch Multikomponenten-Proteinpulver aus tierischen und nicht tierischen Proteinen erhältlich. Dabei werden mehrere verschiedene Proteinquellen kombiniert (zum Beispiel: Milch-, Molken- und Sojaeiweiß).

Eine weitere Möglichkeit sind Proteinpulver aus Eiern, vor allem Eiklar-Pulver.

PROTEINPULVER AUS PFLANZLICHEN PROTEINEN

Wer beim Fitness-Shake oder Smoothie lieber auf Zutaten tierischen Ursprungs verzichten möchte, kann zu einem Proteinpulver aus pflanzlichem Protein greifen. Inzwischen gibt es eine Vielzahl von Möglichkeiten.

Vor allem üblich sind vegane Proteinpulver aus Pflanzen wie Soja, Erbsen, Reis, Hanf, Mandeln, Erdnüssen, Sonnenblumenkernen oder Lupinen. Dann kann auf der Verpackung beispielsweise Erbsenprotein, Erbsenproteinisolat oder Reisproteinkonzentrat deklariert sein. Meist sind mehrere unterschiedliche Proteinarten in einem Produkt verarbeitet, um das Optimum in Sachen Nährwertprofil, Löslichkeit und Cremigkeit zu erreichen. Im Handel lassen sich aber auch reine Erbsenproteinpulver oder Reisproteinpulver finden.

Weil sich Proteinpulver aus pflanzlichen Proteinquellen häufig an ein besonders gesundheitsbewusstes Publikum richten, ist die Geschmacksvielfalt etwas geringer als bei Proteinpulvern aus tierischen Quellen. Neben neutralen Proteinpulvern gibt es aber zahlreiche Produkte etwa mit Vanille-, Schoko- oder Zimtgeschmack. Auch hier besteht die Möglichkeit, mit Fruchtpulvern aus gemahlenen, gefriergetrockneten Früchten oder frischen Früchten den Geschmack zu variieren.

Tipp:
Ob Protein aus Pflanzen oder von Tieren, wichtig ist, dass das Proteinpulver gesund ist. Das bedeutet, dass nur natürliche und keine künstlichen Aromen enthalten sein sollten. Ähnlich verhält es sich bei der Süße – möglichst kein Zucker bzw. Süßstoff. Je kürzer und verständlicher die Zutatenliste, desto besser.

PROTEINGEHALT OHNE PROTEINPULVER VEGETARISCH ERHÖHEN

Es muss aber nicht immer Proteinpulver sein! Proteinreiche Fitness-Shakes und Smoothies lassen sich auch mit vollwertigen Lebensmitteln zubereiten. Neben rein pflanzlichen Optionen (vegan) gibt es zahlreiche Nahrungsmittel tierischen Ursprungs, die sich gut eignen, um Shakes und Smoothies aufzupeppen.

Zuallererst sei Milch erwähnt. Viele Fitness- und Figurbewusste setzen bei der Zubereitung von Shakes und Smoothies auf Wasser, weil das keine Kalorien hat. Allerdings hat es auch kein Protein. 200 Milliliter Milch mit 1,5 % Fett haben 6,8 Gramm Eiweiß. Durch die Verwendung von Milch lässt sich der Proteingehalt somit steigern.

Auch andere Milchprodukte wie Kefir, Joghurt (insbesondere griechischer), Skyr, Quark oder körniger Frischkäse können den Proteingehalt des Getränks erhöhen. Von der Konsistenz sollte sich niemand abschrecken lassen. Wird der Shake oder Smoothie gut püriert oder gemixt, dann ist die Konsistenz glatt und cremig. Um das Ganze nach Belieben flüssiger zu machen, kann man einfach noch etwas Flüssigkeit wie zum Beispiel Wasser hinzufügen.

Darüber hinaus sind Eier eine Option. Entweder wird ein ganzes Ei oder nur das flüssige Eiklar verwendet. Rohe Eier sind allerdings nicht für jede und jeden appetitlich. Gekochte bzw. gebratene Eier kommen selten zum Einsatz, da sie einen charakteristischen Geschmack aufweisen. Wer seinen Shake oder Smoothie aber sowieso nicht süß, sondern eher herzhaft mag, kann es auch mit gegarten Eiern probieren.

PROTEINGEHALT OHNE PROTEINPULVER VEGAN ERHÖHEN

Zahlreiche vegane Lebensmittel haben gute Proteinwerte und können im Fitness-Shake oder Smoothie verarbeitet werden, um den Proteingehalt zu erhöhen. Ein Beispiel ist eine pflanzliche Milchalternative wie etwa Soja-, Mandel- oder Haferdrink. Je nach verwendeter pflanzlicher Milchalternative kann der Eiweißgehalt variieren.

Eine weitere Option, um einen veganen Shake oder Smoothie mit Protein aufzupeppen, ist Tofu. Aufgrund der Konsistenz ist Seidentofu (Silken Tofu) besonders gut geeignet. Aber auch der typische mittelfeste Tofu, den es inzwischen in fast jedem Supermarkt gibt, lässt sich im Mixer gut zu einer weichen Creme pürieren.

Für viele vielleicht überraschend ist, dass Haferflocken eine gute Proteinquelle darstellen. 50 Gramm der Flocken haben rund 6,8 Gramm Eiweiß. Wenn die Flocken etwas aufweichen können, lassen sie sich leichter in eine cremige Konsistenz bringen.

Auch einige Gemüsesorten sind besonders proteinreich. Dazu zählen

etwa Edamame (eine Bohnenart), Kichererbsen und weiße Bohnen. Diese drei Hülsenfrüchte haben keinen starken Eigengeschmack und fügen sich geschmacklich in kleineren Mengen problemlos in Shakes oder Smoothies ein. Linsen, Erbsen und Mais bringen ebenfalls eine gute Portion Protein mit, lassen sich aber aufgrund ihres stärkeren Eigengeschmacks nicht immer gut in Getränke integrieren. Weitere potenzielle Proteinlieferanten sind Grünkohl (2,2 g Eiweiß pro 50 g) und Spinat (1,5 g Eiweiß pro 50 g). Avocado liefert pro 70 Gramm Fruchtfleisch 1,1 Gramm Eiweiß und macht den Shake oder Smoothie schön cremig.

Zusätzlich können auch Nüsse und Kerne dem Fitness-Shake oder Smoothie wertvolles Protein zufügen. Ob frisch geschält oder zu reiner Butter verarbeitet, wie etwa Erdnussbutter oder Mandelbutter, ist dabei unwichtig. Der Nachteil ist jedoch, dass Nüsse und Kerne relativ viel Fett und damit Kalorien aufweisen. Es gilt also abzuwägen, ob oder in welcher Menge sie im Getränk auftauchen sollten.

PROTEINGEHALT PIMPEN – EXTRA ZUTATEN MIT VIEL EIWEIß

Wer noch mehr Protein im Smoothie oder Shake wünscht, kann einige besonders proteinreiche Zugaben beifügen, die sich problemlos mit allen anderen Zutaten pürieren lassen. Dazu zählen etwa geschälte Hanfsamen, Quinoa (gepufft oder gekocht), Leinsamen (geschrotet oder ganz), Chia-Samen, Sesam und Kerne wie Sonnenblumenkerne und Kürbiskerne (siehe auch S. 92). Sie alle erhöhen den Nährstoff- und Proteingehalt im Getränk.

In Sachen Protein im Fitness-Shake oder Smoothie dürften eigentlich keine Wünsche offenbleiben. Wer es schnell und einfach haben möchte, greift zu einem fertigen Proteinpulver, das es aus tierischen oder pflanzlichen Proteinen und mit oder ohne Geschmack gibt.

Zusätzlich können dann Fruchtpulver, Flavour-Pulver oder Flavour-Drops den Trinkgenuss erhöhen. Wer es hingegen natürlich und nachhaltig bevorzugt, wählt vollwertige Lebensmittel. Auch hier sind vegetarische (tierische) und vegane (rein pflanzliche) Optionen in Hülle und Fülle vorhanden.

PRAXISTIPPS

Bevor du loslegst, habe ich noch ein paar Tipps für dich:

- Zur Zubereitung der Shakes und Smoothies kannst du einen leistungsfähigen Pürierstab oder besser noch einen Standmixer oder Hochleistungsblender verwenden. Gerade für grüne Smoothies ist ein Hochleistungsblender empfehlenswert, da er die Zellstrukturen von Blattgrün optimal zerkleinert. Tipps findest du auf meiner Seite zum Buch auf **happyfitfood.de/Fitness-Shakes**.

- Gib erst die flüssigen Zutaten (Milch, Joghurt, Wasser) in den Mixer, dann weiche Früchte (Beeren etc.), danach folgen Lebensmittel mit fester Konsistenz und Gemüse, Salat etc. (Nüsse, Kerne, Blattspinat).

- Ist der Smoothie zu dickflüssig? Füge einfach etwas Wasser (50–150 ml) hinzu und püriere den Shake bis zur gewünschten Konsistenz.

- Verwende gerne auch ungesüßte TK-Früchte. Sie haben oft sogar einen höheren Nährstoffgehalt als Früchte, die schon länger im Supermarkt lagern. Bananen kannst du zum Beispiel in Scheiben schneiden, einfrieren und nach Bedarf zum Süßen oder für mehr Cremigkeit mitpürieren.

- Meal Prep your Smoothie: Stelle gefriergeeignete Zutaten wie frische Beeren, Früchte, Spinat etc. bereits vorab in der richtigen Menge zusammen und friere die Mischungen in Gefrierbeuteln oder Behältern ein. Am Tag des Verzehrs dann einfach noch Joghurt, Quark, Milch usw. hinzufügen und fertigmixen.

- Banane sorgt für eine cremige Konsistenz und natürliche Süße. Falls du aber keine Banane verwenden möchtest, kannst du eine gewisse Cremigkeit durch folgende Lebensmittel erreichen: Avocado, Ananas (am besten gefrorene Ananasstücke), gekochte Süßkartoffeln, gekochter Blumenkohl, Kürbispüree, Mango, eingeweichte Cashewkerne, Haferflocken, Mandel- oder Nussbutter, Mandel-/Nuss- oder Kokosmus, griechischer Joghurt.

- Bringe durch Saaten, Nüsse und Co. (siehe auch S. 92) oder 1 TL Lein-, MCT-Kokosöl oder Walnussöl gesunde Fette und noch mehr Protein in deinen Fitness-Smoothie.

- Avocadohälften kannst du ein bis zwei Tage im Kühlschrank aufbewahren. Dazu Avocado halbieren, Kern entfernen und die Schnittflächen mit Zitronensaft beträufeln. Dann in Frischhaltefolie einwickeln und in den Kühlschrank geben. So vermeidest du, dass sich das Fruchtfleisch dunkel verfärbt. Avocado lässt sich aber auch sehr gut in Stücke geschnitten einfrieren.

- Die meisten Shakes kommen durch die natürliche Süße der Früchte auch ohne Zugabe von Süßungsmitteln aus. Falls nötig, kannst du einfach mit deinem Süßungsmittel nach Belieben, etwa Honig oder Erythrit, nachsüßen oder ½ reife Banane oder getrocknete, entsteinte Datteln mitpürieren.
- Auch Smoothies sollten im Mund »gekaut« bzw. eingespeichelt werden. Das fördert die Vorverdauung und der Shake sättigt auch besser.
- Bereite deinen Shake möglichst immer zeitnah vor dem Verzehr zu.

ZUM UMGANG MIT DEN REZEPTEN

Im Rezeptteil dieses Buches findest du leckere Shake-Kombinationen mit vielen Nährstoffen und hohem Proteingehalt. Da ist für jeden Geschmack und Bedarf etwas dabei. Dazu erhältst du jeweils entsprechende Mengenangaben mit folgenden Abkürzungen:

- Kcal steht für Kilokalorien
- P für Protein
- KH für Kohlenhydrate
- F für Fett

Nährwerte sind produktabhängig. Makronährstoffgehalt und Kalorien können je nach Produkt stark variieren. Eine Übersicht von verwendeten Produkten und Empfehlungen findest du auf **happyfitfood.de/Fitness-Shakes**.

Zu jedem Rezept sind Tipps und Variationsmöglichkeiten angegeben. Verwende Proteinpulver oder ersetze es durch natürliche Lebensmittel wie zum Beispiel Magerquark, Joghurt oder eine vegane Variante. Dazu stehen dir auf den Seiten 91–92 zwei Tabellen von Lebensmitteln mit ihrem jeweiligen Protein- und Nährwertgehalt zur Verfügung. So hast du einen Überblick über Austauschmöglichkeiten, oder wie du den Proteingehalt der Rezepte zusätzlich sogar noch erhöhen kannst.

Trink dich fit!

Shakes mit Proteinpulver

Mit Proteinpulver kann man den Gehalt an Eiweiß in einem Fitness-Shake schnell erhöhen. Es gibt eine Vielzahl an Produkten in unterschiedlichen Geschmacksrichtungen, mit Proteinen tierischen Ursprungs, wie zum Beispiel Whey, oder aus pflanzlichen Proteinen (Reis, Soja, Sonnenblumen etc.). Jeder Shake lässt sich auch vegan zubereiten. Dazu findest du Informationen in den Tipps und Variationen zu den Rezepten.

PURPLE BEAUTY

Pro Portion
35,6 g
Protein

NÄHRWERTE:
320 KCAL/35,2 G KH/2,8 G F

ZUTATEN:

- 50 g Heidelbeeren (frisch oder TK)
- 1 kleine Banane (ca. 120 g)
- 100 g griechischer Joghurt Natur (0,2 %)
- 50 ml fettarme Milch (1,5 %)
- 30 g Proteinpulver, z. B. Beere oder Vanille
- 50–100 ml kaltes Wasser (optional)

1. Heidelbeeren waschen, verlesen und trocken tupfen.
2. Banane schälen und in grobe Stücke brechen.
3. Alle Zutaten (bis auf das Wasser) in einen Mixer geben und pürieren. Je nach gewünschter Konsistenz noch etwas Wasser hinzufügen und mixen.

Tipps und Variationen:
Griechischer Joghurt kann zum Beispiel durch Sojajoghurt oder Mandeljoghurt und Milch durch einen Pflanzendrink nach Belieben (etwa Soja- oder Mandeldrink) ersetzt werden.

Statt Heidelbeeren kannst du Himbeeren, Erdbeeren oder Brombeeren wählen.

MANGO-VANILLE-SHAKE

Pro Portion **24,9 g** Protein

NÄHRWERTE:
297 KCAL/34,7 G KH/5 G F

ZUTATEN:

- 150 g Mango-Fruchtfleisch
- 200 ml Haferdrink, ungesüßt
- 30 g Proteinpulver, z. B. Vanille, Kokos oder neutral
- 1 Msp. Vanillepulver
- 50–100 ml kaltes Wasser (optional)

1. Mango-Fruchtfleisch in grobe Stücke schneiden.
2. Alle Zutaten (bis auf das Wasser) in einen Mixer geben und pürieren. Je nach gewünschter Konsistenz noch etwas Wasser hinzufügen und mixen.

Tipps und Variationen:
Haferdrink kannst du durch einen anderen Pflanzendrink nach Belieben (z. B. Soja-, Kokos- oder Mandeldrink) oder auch durch Milch (1,5 %) ersetzen.

Auch lecker: 2 Cashewkerne mitpürieren. Diese am besten schon kurz vorher im Haferdrink etwas einweichen lassen.

FRUITY CHOCOLATE

Pro Portion **25,9 g** Protein

NÄHRWERTE:
235 KCAL/20,5 G KH/4,1 G F

ZUTATEN:

- 50 g Mango-Fruchtfleisch
- 50 g Erdbeeren
- ½ Banane (ca. 70 g)
- 1 TL schwach entöltes Kakaopulver
- 30 g Proteinpulver, z. B. Schoko oder neutral
- 150 ml Mandeldrink, ungesüßt
- 50–100 ml kaltes Wasser (optional)

1. Mango-Fruchtfleisch in grobe Stücke schneiden.
2. Erdbeeren waschen, trocken tupfen und das Grün entfernen.
3. Banane schälen und in grobe Stücke brechen.
4. Alle Zutaten (bis auf das Wasser) in einen Mixer geben und pürieren. Je nach gewünschter Konsistenz noch etwas Wasser hinzufügen und mixen.

Tipps und Variationen:
Mandeldrink kannst du durch einen anderen Pflanzendrink nach Belieben (z. B. Soja- oder Haferdrink) oder auch durch Milch (1,5 %) ersetzen.

Anstatt Erdbeeren eignen sich auch Heidel- oder Himbeeren.

Falls du ein neutrales Proteinpulver verwendest, kannst du 1–2 TL Kakaopulver zusätzlich für die Schokonote hinzufügen.

KÜRBIS-PROTEINSHAKE

Pro Portion **30,4 g** Protein

NÄHRWERTE:
298 KCAL/10,4 G KH/14,2 G F

ZUTATEN:

- 80 g Kürbispüree oder gedünsteter Kürbis, z. B. Hokkaido
- 20 g gemahlene Mandeln
- 30 g Proteinpulver, z. B. Vanille oder neutral
- 1 Prise gemahlener Zimt oder Pumpkin Pie Spice (siehe unten)
- 200 ml Mandeldrink, ungesüßt
- ½ TL Honig oder Süßungsmittel nach Belieben
- 50–100 ml kaltes Wasser (optional)

Alle Zutaten (bis auf das Wasser) in einen Mixer geben und pürieren. Je nach gewünschter Konsistenz noch etwas Wasser hinzufügen und mixen.

Tipps und Variationen:
1 EL Kürbis- oder Sonnenblumenkerne hinzufügen und mitpürieren.

Pumpkin Pie Spice ist ein leckeres Kürbiskuchen-Gewürz, das man im Handel fertig gemischt kaufen oder auch selbst herstellen kann. Dazu 2 TL gemahlenen Zimt, ½ TL gemahlene Muskatnuss, ½ TL gemahlenen Piment und 1 TL gemahlenen Ingwer vermengen.

Anstatt Honig kannst du 1 TL Erythrit, 1–2 getrocknete Datteln oder ½ Banane zum Süßen mitpürieren.

COOKIE-CREAM-SHAKE

Pro Portion
41,5 g
Protein

NÄHRWERTE:
297 KCAL/21,2 G KH/4,8 G F

ZUTATEN:

- 10 g Instant-Flocken oder zarte Haferflocken
- 150 ml fettarme Milch (1,5 %)
- 100 g Magerquark
- 30 g Proteinpulver, z. B. Cookie oder Haselnuss
- ½ TL Honig
- 1 Prise gemahlener Zimt
- 50–100 ml kaltes Wasser (optional)

Tipps und Variationen:
Anstelle von Milch eignet sich auch Pflanzendrink nach Belieben (z. B. Mandel- oder Sojadrink) oder Wasser.

Anstatt Magerquark kannst du eine vegane Quark-Alternative mit Mandelprotein verwenden.

Für eine leckere Schokonote im Shake: ½ TL Kakaonibs mitpürieren bzw. 1 TL Kakaopulver einrühren.

Als Ersatz für Honig kannst du 1 TL Erythrit, ½ Banane oder 1–2 getrocknete Datteln zum Süßen mitmixen.

Alle Zutaten (bis auf das Wasser) in einen Mixer geben und pürieren. Je nach gewünschter Konsistenz noch etwas Wasser hinzufügen und mixen.

SCHOKO-MANDEL-SMOOTHIE

Pro Portion
29,4 g
Protein

NÄHRWERTE:
287 KCAL/8,7 G KH/14,6 G F

ZUTATEN:

250 ml Mandeldrink, ungesüßt
1 TL schwach entöltes Kakaopulver
1 EL Mandelmus
2 Mandelkerne oder 1 EL gemahlene Mandeln
30 g Proteinpulver, z. B. Schoko oder neutral
1 getrocknete, entsteinte Dattel

Alle Zutaten in einen Mixer geben und cremig pürieren.

Tipps und Variationen:
Mandeldrink kannst du durch einen Pflanzendrink nach Belieben (z. B. Soja- oder Haferdrink) oder auch durch Milch (1,5 %) ersetzen.

Als Süßungsmittel (anstatt der Dattel) und für etwas mehr Cremigkeit kannst du ½ Banane mitpürieren.

HAPPY RASPBERRY

Pro Portion **32,4 g** Protein

NÄHRWERTE:
282 KCAL/8,8 G KH/10,9 G F

ZUTATEN:

- 100 g Himbeeren
- 200 ml Sojadrink, ungesüßt
- 30 g Proteinpulver, z. B. Himbeere oder Vanille
- 1 EL helles Mandelmus
- 50–100 ml kaltes Wasser (optional)

1. Himbeeren waschen und trocken tupfen.
2. Alle Zutaten (bis auf das Wasser) in einen Mixer geben und pürieren. Je nach gewünschter Konsistenz noch etwas Wasser hinzufügen und mixen.

Tipps und Variationen:
Sojadrink kannst du durch einen Pflanzendrink nach Belieben (z. B. Hafer- oder Mandeldrink) oder auch durch Milch (1,5 %) ersetzen.

Anstatt Himbeeren eignen sich auch Erdbeeren oder Heidelbeeren.

Ebenfalls lecker: Kokosmus anstatt Mandelmus

PEANUTBUTTER-OATMEAL-SHAKE

Pro Portion **28,8 g** Protein

NÄHRWERTE:
390 KCAL/43,2 G KH/9,4 G F

ZUTATEN:

- 1 kleine Banane (ca. 120 g)
- 5 g Erdnussbutter
- 10 g Haferflocken
- 1 TL geschrotete Leinsamen
- 150 ml Haferdrink, ungesüßt
- 30 g Proteinpulver, z. B. Peanutbutter, Vanille oder Schoko
- 50–100 ml kaltes Wasser (optional)

1. Banane schälen und in grobe Stücke brechen.
2. Alle Zutaten (bis auf das Wasser) in einen Mixer geben und pürieren. Je nach gewünschter Konsistenz noch etwas Wasser hinzufügen und mixen.

Tipps und Variationen:
Anstelle von Haferdrink kannst du nach Belieben einen anderen Pflanzendrink (z. B. Soja- oder Mandeldrink) oder auch Milch (1,5 %) wählen.

Für einen Mandel-Oatmeal-Shake die Erdnussbutter durch braunes Mandelmus und den Haferdrink durch Mandeldrink austauschen.

Anstatt Haferflocken eignen sich auch Quinoaflocken.

COCONUT FEELING

Pro Portion **32,7 g** Protein

NÄHRWERTE:
408 KCAL/12,5 G KH/24,5 G F

ZUTATEN:

- 100 ml Kokosmilch light
- 100 g griechischer Joghurt Natur (0,2 %)
- 1 TL Kokosmus
- 30 g Proteinpulver, z. B. Kokos oder neutral
- ½ TL Honig oder Süßungsmittel nach Belieben
- 50–100 ml kaltes Wasser (optional)

Alle Zutaten (bis auf das Wasser) in einen Mixer geben und pürieren. Je nach gewünschter Konsistenz noch etwas Wasser hinzufügen und mixen.

Tipps und Variationen:
Griechischer Joghurt kann zum Beispiel durch Sojajoghurt oder Mandeljoghurt ersetzt werden.

Anstatt Kokosmus kannst du auch 1 EL Kokosraspel mitpürieren.

Nimm anstelle von Honig 1 TL Erythrit, ½ Banane oder 1–2 getrocknete Datteln zum Süßen.

Auch lecker: Schoko-Proteinpulver verwenden oder neutrales Proteinpulver und 2 TL Kakaopulver. Hier dann evtl. den Anteil des Süßungsmittels etwas erhöhen.

ANANAS-ORANGE-POWER

Pro Portion **33,4 g** Protein

NÄHRWERTE:
393 KCAL/36,1 G KH/12 G F

ZUTATEN:

- 100 g Ananas-Fruchtfleisch
- Saft von 1 Orange
- 1 EL Kokosraspel
- 250 ml fettarme Milch (1,5 %)
- 30 g Proteinpulver, z. B. Kokos oder neutral
- 50–100 ml kaltes Wasser (optional)

1. Ananas in grobe Stücke schneiden.
2. Alle Zutaten (bis auf das Wasser) in einen Mixer geben und pürieren. Je nach gewünschter Konsistenz noch etwas Wasser hinzufügen und mixen.

Tipps und Variationen:
Die Milch kannst du durch Pflanzendrink nach Belieben (z. B. Mandel-, Kokos- oder Sojadrink) oder durch Wasser ersetzen.

PEANUTBUTTER-CHOCOLATE-FRAPPUCCINO

Pro Portion
26,2 g
Protein

NÄHRWERTE:
176 KCAL/2,7 G KH/7,1 G F

ZUTATEN:

250 ml Mandeldrink, ungesüßt
1 TL Erdnussbutter
30 g Proteinpulver, z. B. Schoko, Haselnuss oder neutral
5 g löslicher Instant-Kaffee oder 1 Tasse Espresso

Alle Zutaten in einen Mixer geben und cremig pürieren.

Tipps und Variationen:
Mandeldrink kannst du durch einen Pflanzendrink nach Belieben (z. B. Soja- oder Haferdrink) oder auch durch Milch (1,5 %) ersetzen.

Auch gut: 2 Eiswürfel mitmixen oder in den Shake geben.

GREEN VITAL

Pro Portion **27,2 g** Protein

NÄHRWERTE:
300 KCAL/36,4 G KH/4,1 G F

ZUTATEN:

- 30 g Grünkohl
- 80 g Mango-Fruchtfleisch
- ½ Apfel, z. B. Braeburn oder Elstar (ca. 70 g)
- ½ Banane (ca. 70 g)
- 30 g Proteinpulver neutral
- 1 TL Hanfsamen
- 200 ml Wasser
- 1 TL Zitronensaft

1. Grünkohl waschen, verlesen und in Stücke schneiden.
2. Mango-Fruchtfleisch grob würfeln.
3. Apfel waschen, Kerngehäuse entfernen und Fruchtfleisch in grobe Stücke schneiden.
4. Banane schälen und in grobe Stücke brechen.
5. Alle Zutaten in einen Mixer geben und pürieren. Je nach gewünschter Konsistenz noch etwas mehr Wasser hinzufügen und mixen.

Tipps und Variationen:
In diesem Smoothie schmeckt auch Hanf- oder Erbsenprotein sehr gut.

Anstatt Grünkohl eignet sich auch Blattspinat.

CREMIGER SCHOKO-AVOCADO-SHAKE

Pro Portion **27 g** Protein

NÄHRWERTE:
350 KCAL/22,3 G KH/13,7 G F

ZUTATEN:

- ½ Avocado (ca. 70 g)
- ½ Banane (ca. 70 g)
- 1 TL schwach entöltes Kakaopulver
- 30 g Proteinpulver, z. B. Schoko oder neutral
- 200 ml Mandeldrink, ungesüßt
- 1 getrocknete, entsteinte Dattel

1. Avocado entkernen, Fruchtfleisch aus der Schale lösen und in den Mixer geben.
2. Banane schälen und in grobe Stücke brechen.
3. Alle Zutaten in einen Mixer geben und cremig pürieren.

Tipps und Variationen:
Mandeldrink kannst du durch einen Pflanzendrink nach Belieben (z. B. Soja- oder Haferdrink) oder auch durch Wasser ersetzen.

Anstatt der Dattel kannst du 1 TL Erythrit oder ½ TL Honig zum Süßen mitpürieren.

GREEN JOY

Pro Portion **27,8 g** Protein

NÄHRWERTE:
329 KCAL/37,6 G KH/5,7 G F

ZUTATEN:

- 1 Banane (ca. 140 g)
- 30 g Blattspinat
- 200 ml Mandeldrink, ungesüßt
- 30 g Proteinpulver, z. B. neutral oder Vanille
- 1 getrocknete, entsteinte Dattel
- 1 TL Chiasamen
- 50–100 ml kaltes Wasser (optional)

1. Banane schälen und in grobe Stücke brechen.
2. Blattspinat waschen und verlesen.
3. Alle Zutaten (bis auf das Wasser) in einen Mixer geben und pürieren. Je nach gewünschter Konsistenz noch etwas Wasser hinzufügen und mixen.

Tipps und Variationen:
Mandeldrink kannst du durch einen Pflanzendrink nach Belieben (z. B. Soja- oder Haferdrink) oder auch durch Wasser ersetzen.

Anstatt der Dattel kannst du 1 TL Erythrit oder ½ TL Honig zum Süßen mitpürieren.

PEACH DREAM

Pro Portion **25,8 g** Protein

NÄHRWERTE:
242 KCAL/26,5 G KH/3,2 G F

ZUTATEN:

1 Pfirsich
30 g Proteinpulver, z. B. Vanille oder Mango
200 ml Kokosnusswasser
1 EL Hanfsamen oder weiße Chiasamen

1. Pfirsich waschen, entkernen und in Stücke schneiden.
2. Alle Zutaten in einen Mixer geben und cremig pürieren.

Tipps und Variationen:
Kokosnusswasser kannst du durch einen Pflanzendrink nach Belieben (z. B. Soja-, Kokos- oder Mandeldrink) oder auch durch Milch (1,5 %) ersetzen.

Für etwas mehr Süße 1 TL Erythrit, ½ TL Honig oder ½ Banane mitpürieren.

NEKTARINE TRIFFT BANANE

Pro Portion **31 g** Protein

NÄHRWERTE:
381 KCAL/52,4 G KH/4 G F

ZUTATEN:

- 1 Nektarine
- 1 Banane (ca. 140 g)
- 30 g Proteinpulver, z. B. Vanille oder Mango
- 150 ml fettarme Milch (1,5 %)
- 50–100 ml kaltes Wasser (optional)

1. Nektarine waschen, entkernen und in Stücke schneiden.
2. Banane schälen und in grobe Stücke brechen.
3. Alle Zutaten (bis auf das Wasser) in einen Mixer geben und pürieren. Je nach gewünschter Konsistenz noch etwas Wasser hinzufügen und mixen.

Tipps und Variationen:
Milch kannst du durch Pflanzendrink nach Belieben (z. B. Mandel- oder Sojadrink) oder durch Wasser ersetzen.

ERDBEER-MANDEL-SHAKE

Pro Portion
27,9 g
Protein

NÄHRWERTE:
250 KCAL/7,7 G KH/11,2 G F

ZUTATEN:

- 100 g Erdbeeren
- 10 g weißes Mandelmus
- 2 Mandelkerne oder 1 EL gemahlene Mandeln
- 200 ml ungesüßter Mandeldrink
- 30 g Proteinpulver, z. B. Erdbeere, Beere oder Vanille

1. Erdbeeren waschen, trocken tupfen und das Grün entfernen.
2. Alle Zutaten in einen Mixer geben und cremig pürieren.

Tipps und Variationen:
Mandeldrink kannst du durch einen Pflanzendrink nach Belieben (z. B. Soja- oder Haferdrink) oder auch durch Milch (1,5 %) ersetzen.

Anstatt Erdbeeren kannst du Himbeeren oder Heidelbeeren verwenden.

Zum Süßen einfach 1 TL Erythrit, ½ TL Honig oder 1 getrocknete Dattel mitpürieren.

COFFEE-CREAM-SMOOTHIE

Pro Portion **38,6 g** Protein

NÄHRWERTE:
253 KCAL/13,6 G KH/4,4 G F

ZUTATEN:

1 Tasse Espresso (abgekühlt)

30 g Proteinpulver, z. B. Haselnuss oder Schoko

100 g griechischer Joghurt Natur (0,2 %)

150 ml fettarme Milch (1,5 %)

1 TL schwach entöltes Kakaopulver

Alle Zutaten in einen Mixer geben und cremig mixen.

Tipps und Variationen:
Griechischen Joghurt kannst du durch Sojajoghurt oder Mandeljoghurt und Milch durch einen Pflanzendrink nach Belieben (z. B. Soja- oder Mandeldrink) ersetzen.

BEERIGER KOKOS-SHAKE

Pro Portion **27,5 g** Protein

NÄHRWERTE:
388 KCAL/19,8 G KH/21,3 G F

ZUTATEN:

- 100 g Erdbeeren
- 50 g Kokosnuss-Fruchtfleisch
- 200 g Kokosjoghurt Natur
- 30 g Proteinpulver, z. B. Erdbeere, Kokos oder Vanille
- 50–100 ml kaltes Wasser (optional)

1. Erdbeeren waschen, trocken tupfen und das Grün entfernen.
2. Kokosnuss-Fruchtfleisch in grobe Stücke schneiden.
3. Alle Zutaten (bis auf das Wasser) in einen Mixer geben und pürieren. Je nach gewünschter Konsistenz noch etwas Wasser hinzufügen und mixen.

Tipps und Variationen:
Anstatt frischer Kokosnuss kannst du 2 EL Kokosraspel oder Kokoschips mitpürieren.

Kokosjoghurt kannst du durch griechischen Joghurt, Soja- oder Mandeljoghurt ersetzen.

APFEL-ZIMT-SMOOTHIE

Pro Portion **30,6 g** Protein

NÄHRWERTE:
284 KCAL/32,1 G KH/4,7 G F

ZUTATEN:

- 1 kleiner Apfel, z. B. Granny Smith (ca. 150 g)
- 200 ml fettarme Milch (1,5 %)
- 30 g Proteinpulver, z. B. Vanille oder neutral
- 1 Msp. Vanillepulver
- 1 Prise gemahlener Zimt

1. Apfel waschen, Kerngehäuse entfernen und Fruchtfleisch in grobe Stücke schneiden.
2. Alle Zutaten in einen Mixer geben und pürieren.

Tipps und Variationen:
Milch kannst du durch Pflanzendrink nach Belieben (z. B. Mandel-, Hafer- oder Sojadrink) oder durch Wasser ersetzen.

Für etwas mehr Süße 1 TL Erythrit, ½ TL Honig oder 1 getrocknete Dattel mitpürieren.

DETOX-PROTEIN-SHAKE

Pro Portion **26,8 g** Protein

NÄHRWERTE:
250 KCAL/30,3 G KH/2 G F

ZUTATEN:

- 30 g Blattspinat
- 1–2 Blätter Minze (optional)
- ½ Apfel, z. B. Granny Smith (ca. 70 g)
- 50 g Salatgurke
- ½ Banane (ca. 70 g)
- 200 ml Wasser
- 1 EL Zitronensaft
- 30 g Proteinpulver neutral

1. Blattspinat und Minze waschen und verlesen.
2. Apfel und Gurke waschen. Kerngehäuse des Apfels entfernen und Fruchtfleisch sowie Gurke in grobe Stücke schneiden.
3. Banane schälen und in grobe Stücke brechen.
4. Alle Zutaten in einen Mixer geben und pürieren. Je nach gewünschter Konsistenz noch etwas mehr Wasser hinzufügen und mixen.

Tipps und Variationen:
In diesem Smoothie schmeckt zum Beispiel auch Hanf- oder Erbsenprotein sehr gut.

VITAMIN-BOOSTER

Pro Portion
28,7 g
Protein

NÄHRWERTE:
347 KCAL/49 G KH/3,6 G F

ZUTATEN:

- ½ Apfel, z. B. Granny Smith (ca. 70 g)
- ½ Birne
- ½ Orange
- ½ Banane (ca. 70 g)
- 1 EL Zitronensaft
- 100 ml fettarme Milch (1,5 %)
- 30 g Proteinpulver, z. B. Vanille oder neutral
- 1 Msp. Vanillepulver
- 1 Prise gemahlener Zimt
- 50–100 ml kaltes Wasser (optional)

1. Apfel und Birne waschen, Kerngehäuse entfernen und Fruchtfleisch in grobe Stücke schneiden.
2. Orange und Banane schälen und in grobe Stücke teilen.
3. Alle Zutaten (bis auf das Wasser) in einen Mixer geben und pürieren. Je nach gewünschter Konsistenz noch etwas Wasser hinzufügen und mixen.

Tipps und Variationen:
Milch kannst du durch Pflanzendrink nach Belieben (z. B. Mandel-, Hafer- oder Sojadrink) oder durch Wasser ersetzen.

GRÜNES KRAFTPAKET

Pro Portion **27,4 g** Protein

NÄHRWERTE:
335 KCAL/26,2 G KH/10,8 G F

ZUTATEN:

- ½ Avocado (ca. 70 g)
- 30 g Blattspinat
- ½ Banane (ca. 70 g)
- ½ Apfel (ca. 70 g)
- 30 g Proteinpulver neutral
- 1 TL Hanfsamen
- 150 ml Wasser
- 1 TL Zitronensaft

1. Avocado entkernen, Fruchtfleisch aus der Schale lösen und in den Mixer geben.
2. Blattspinat waschen und verlesen.
3. Banane schälen und in grobe Stücke brechen.
4. Apfel waschen, Kerngehäuse entfernen und Fruchtfleisch in grobe Stücke schneiden.
5. Alle Zutaten in einen Mixer geben und pürieren. Je nach gewünschter Konsistenz noch etwas mehr Wasser hinzufügen und mixen.

Tipps und Variationen:
In diesem Smoothie schmeckt zum Beispiel auch Hanf- oder Erbsenprotein sehr gut.

Anstatt Blattspinat kannst du auch Grünkohl oder Salat (z. B. Kopfsalat) wählen.

Zum Süßen kannst du 1 TL Erythrit, ½ TL Honig oder 1 getrocknete Dattel mitpürieren.

ORANGE POWER

Pro Portion
28,3 g
Protein

NÄHRWERTE:
266 KCAL/28,5 G KH/1,9 G F

ZUTATEN:

- 1 Apfel, z. B. Elstar oder Royal Gala (ca. 150 g)
- 50 g Karotte
- 1 Stück Ingwer (ca. 1–2 cm)
- 200 ml Wasser
- Saft von 1 Orange
- 30 g Proteinpulver neutral

1. Apfel und Karotte waschen. Das Kerngehäuse des Apfels entfernen und Fruchtfleisch sowie Karotte in grobe Stücke schneiden.
2. Ingwer schälen.
3. Alle Zutaten in einen Mixer geben und pürieren.

Tipps und Variationen:
Für etwas mehr Süße 1 TL Erythrit, ½ TL Honig oder 1 getrocknete Dattel mitpürieren.

BROMBEER-NEKTARINEN-MIX

Pro Portion **33,6 g** Protein

NÄHRWERTE:
340 KCAL/33,2 G KH/7,2 G F

ZUTATEN:

- 1 Nektarine
- 100 g Brombeeren (frisch oder TK)
- 200 ml fettarme Milch (1,5 %)
- 1 TL Chiasamen
- 30 g Proteinpulver, z. B. Beere oder Vanille
- 50–100 ml kaltes Wasser (optional)

1. Nektarine waschen, entkernen und in grobe Stücke schneiden.
2. Brombeeren waschen, trocken tupfen und das Grün entfernen.
3. Alle Zutaten (bis auf das Wasser) in einen Mixer geben und pürieren. Je nach gewünschter Konsistenz noch etwas Wasser hinzufügen und mixen.

Tipps und Variationen:
Milch kannst du durch Pflanzendrink nach Belieben (z. B. Mandel-, Hafer- oder Sojadrink) oder durch Wasser ersetzen.

HERZHAFTER GEMÜSE-SMOOTHIE

Pro Portion **26,4 g** Protein

NÄHRWERTE:
177 KCAL/9,1 G KH/1,8 G F

ZUTATEN:

1 gelbe Paprikaschote (ca. 110 g)
50 g Karotte
200 ml Wasser
1 EL Zitronensaft
30 g Proteinpulver neutral
Salz, Pfeffer
1 Prise edelsüßes Paprikapulver

1. Paprika und Karotte waschen, putzen und in grobe Stücke schneiden.
2. Wasser, Zitronensaft und Proteinpulver in den Mixer geben und vermischen. Dann nach und nach das Gemüse hinzufügen und pürieren.
3. Smoothie mit den Gewürzen abschmecken.

Tipps und Variationen:
Auch gut: 1 EL Hanfsamen hinzufügen und mitpürieren.

Wer Schärfe mag, kann den Smoothie mit etwas Chilipulver scharf abschmecken.

Shakes ohne Proteinpulver

Durch vollwertige Lebensmittel wie Milch, Joghurt, Skyr, Quark, körnigen Frischkäse, Haferflocken oder sogar Tofu lassen sich Fitness-Shakes mit viel Eiweiß auch ohne Proteinpulver zubereiten.
Bei jedem Rezept findest du Tipps und Variationen, um die Shake-Ideen auch vegan zu genießen.

YELLOW-CREAM-DRINK

Pro Portion **24,6 g** Protein

NÄHRWERTE:
317 KCAL/46,4 G KH/2,8 G F

ZUTATEN:

- 1 Nektarine
- ½ Banane (ca. 70 g)
- 150 g Magerquark
- 1 EL Haferflocken
- 100 ml fettarme Milch (1,5 %)
- 50–100 ml kaltes Wasser (optional)

1. Nektarine waschen, entkernen und in grobe Stücke schneiden.
2. Banane schälen und in Stücke brechen.
3. Alle Zutaten (bis auf das Wasser) in einen Mixer geben und pürieren. Je nach gewünschter Konsistenz noch etwas Wasser hinzufügen und mixen.

Tipps und Variationen:
Milch kannst du durch Pflanzendrink nach Belieben (z. B. Mandel-, Hafer- oder Sojadrink) oder durch Wasser ersetzen.

Anstatt Magerquark eignet sich auch eine vegane Quark-Alternative mit Mandelprotein.

BANANA-SPLIT-SHAKE

Pro Portion **24,8 g** Protein

NÄHRWERTE:
307 KCAL/41,1 G KH/3,2 G F

ZUTATEN:

- 1 Banane (ca. 140 g)
- 1 EL schwach entöltes Kakaopulver
- 150 g Magerquark
- 100 ml fettarme Milch (1,5 %)
- 50–100 ml kaltes Wasser (optional)

1. Banane schälen und in Stücke brechen.
2. Alle Zutaten (bis auf das Wasser) in einen Mixer geben und pürieren. Je nach gewünschter Konsistenz noch etwas Wasser hinzufügen und mixen.

Tipps und Variationen:
Für etwas mehr Süße kannst du 1 TL Erythrit, ½ TL Honig oder 1 getrocknete Dattel mitpürieren.

Milch kannst du durch Pflanzendrink nach Belieben (z. B. Mandel- oder Sojadrink) oder durch Wasser ersetzen.

Anstatt Magerquark eignet sich auch eine vegane Quark-Alternative mit Mandelprotein.

PIÑA-COLADA-SMOOTHIE

Pro Portion
25,6g
Protein

NÄHRWERTE:
316 KCAL/20,1 G KH/14,4 G F

ZUTATEN:

80 g Ananas-Fruchtfleisch
200 g Magerquark
50 ml Kokosmilch light
1 EL Kokosraspel
50–100 ml kaltes Wasser (optional)

1. Ananas in grobe Stücke schneiden.
2. Alle Zutaten (bis auf das Wasser) in einen Mixer geben und pürieren. Je nach gewünschter Konsistenz noch etwas Wasser hinzufügen und mixen.

Tipps und Variationen:
Für etwas mehr Süße kannst du 1 TL Erythrit, ½ TL Honig oder 1 getrocknete Dattel mitpürieren.

Kokosmilch lässt sich durch Kokosnusswasser ersetzen.

COCONUT-COFFEE-SHAKE

Pro Portion
22,9 g
Protein

NÄHRWERTE:
263 KCAL/10,5 G KH/14,4 G F

ZUTATEN:

- 150 g Magerquark
- 150 ml ungesüßter Kokosdrink
- 1 EL Kokosmus oder 2 EL Kokosmilch light
- 5 g löslicher Instant-Kaffee oder 1 Tasse Espresso
- 1 TL schwach entöltes Kakaopulver
- 1 EL Kokosraspel
- 1 TL Erythrit oder Süßungsmittel nach Belieben
- 50–100 ml kaltes Wasser (optional)

Alle Zutaten (bis auf das Wasser) in einen Mixer geben und pürieren. Je nach gewünschter Konsistenz noch etwas Wasser hinzufügen und mixen.

Tipps und Variationen:

Für etwas mehr Süße kannst du ½ TL Honig oder 1 getrocknete Dattel mitpürieren.

Kokosdrink lässt sich durch einen Pflanzendrink nach Belieben (z. B. Soja-, Hafer- oder Mandeldrink) oder durch Milch (1,5 %) ersetzen.

Anstatt Magerquark eignet sich auch eine vegane Quark-Alternative mit Mandelprotein.

APFELSTRUDEL-SMOOTHIE

Pro Portion 23,3 g Protein

NÄHRWERTE:
286 KCAL/ 30,4 G KH/ 8,6 G F

ZUTATEN:

- 1 Apfel, z. B. Braeburn oder Elstar (ca. 130 g)
- 1 Walnusskern
- 150 g Magerquark
- 100 ml fettarme Milch (1,5 %)
- 1 Msp. Vanillepulver
- ½ TL Rosinen (optional)
- 50–100 ml kaltes Wasser (optional)

1. Apfel waschen, entkernen und klein schneiden.
2. Walnusskern evtl. grob hacken.
3. Alle Zutaten (bis auf das Wasser) in einen Mixer geben und pürieren. Je nach gewünschter Konsistenz noch etwas Wasser hinzufügen und mixen.

Tipps und Variationen:

Für etwas mehr Süße kannst du 1 TL Erythrit oder ½ TL Honig mitpürieren.

Milch lässt sich durch Pflanzendrink nach Belieben (z. B. Mandel- oder Sojadrink) oder durch Wasser ersetzen.

Anstatt Magerquark eignet sich auch eine vegane Quark-Alternative mit Mandelprotein.

Schmeckt auch gut mit 1 EL gemahlenen Mandeln oder Haselnüssen anstelle der Walnuss.

CREMIGER PFLAUMEN-SHAKE

Pro Portion **24,8 g** Protein

NÄHRWERTE:
187 KCAL/18,3 G KH/1,2 G F

ZUTATEN:

- 100 g Pflaumen
- 200 g Magerquark
- 50 ml ungesüßter Mandeldrink
- 1 Msp. Vanillepulver
- 1 Prise gemahlener Zimt
- 50–100 ml kaltes Wasser (optional)

1. Pflaumen waschen, halbieren und entkernen.
2. Alle Zutaten (bis auf das Wasser) in einen Mixer geben und pürieren. Je nach gewünschter Konsistenz noch etwas Wasser hinzufügen und mixen.

Tipps und Variationen:
Auch lecker: ½ Birne oder ½ Apfel mitpürieren.

Mandeldrink kannst du durch einen Pflanzendrink nach Belieben (z. B. Soja- oder Haferdrink) oder durch Milch (1,5 %) ersetzen.

Anstatt Magerquark eignet sich auch eine vegane Quark-Alternative mit Mandelprotein.

STACHELBEER-KICK

Pro Portion
22,6 g
Protein

NÄHRWERTE:
273 KCAL/37,8 G KH/2,2 G F

ZUTATEN:

- 100 g grüne Stachelbeeren
- ½ Banane (ca. 70 g)
- 200 g griechischer Joghurt Natur (0,2 %)
- 50 ml fettarme Milch (1,5 %)
- 1 EL Haferflocken

1. Stachelbeeren waschen und trocken tupfen.
2. Banane schälen und in grobe Stücke brechen.
3. Alle Zutaten in einen Mixer geben und cremig pürieren.

Tipps und Variationen:
Milch kannst du durch Pflanzendrink nach Belieben (z. B. Mandel- oder Sojadrink) oder durch Wasser ersetzen.

Statt dem griechischen Joghurt kannst du Soja- oder Mandeljoghurt wählen.

Für etwas mehr Süße einfach 1 TL Erythrit, ½ TL Honig oder 1 getrocknete Dattel mitpürieren.

ZITRUS-BLAST

Pro Portion
21,1 g
Protein

NÄHRWERTE:
319 KCAL/27,6 G KH/10,9 G F

ZUTATEN:

- 100 g Grapefruit
- 1 Orange
- 150 g griechischer Joghurt Natur (0,2 %)
- 15 g geschälte Hanfsamen
- 5 g Chiasamen
- 1 Prise Vanillepulver
- 1 Prise gemahlener Zimt
- ½ TL Honig oder Süßungsmittel nach Belieben

1. Grapefruit und Orange schälen und in grobe Stücke zerteilen.
2. Alle Zutaten in einen Mixer geben und pürieren.

Tipps und Variationen:
Griechischen Joghurt kannst du durch Soja- oder Mandeljoghurt ersetzen.

Anstatt Honig 1 TL Erythrit, 1 getrocknete Dattel oder ½ Banane zum Süßen mitpürieren.

FRUITY GREEN

Pro Portion **22,5 g** Protein

NÄHRWERTE:
235 KCAL/21,8 G KH/6,5 G F

ZUTATEN:

- 30 g Blattspinat
- 50 g Ananas-Fruchtfleisch
- ½ Apfel (ca. 70 g)
- 150 g körniger Frischkäse (0,8 %)
- 10 g Sonnenblumenkerne
- 100 ml Wasser

1. Blattspinat waschen und verlesen.
2. Ananas in Stücke schneiden.
3. Apfel waschen, Kerngehäuse entfernen und Fruchtfleisch in grobe Stücke schneiden.
4. Alle Zutaten in einen Mixer geben und pürieren. Je nach gewünschter Konsistenz noch etwas mehr Wasser hinzufügen und mixen.

Tipps und Variationen:
Körniger Frischkäse lässt sich durch vegane Frischkäse-Alternativen auf Cashew- oder Mandelbasis ersetzen.

Anstatt Sonnenblumenkernen eignen sich auch Kürbiskerne.

Zum Süßen kannst du 1 TL Erythrit, ½ TL Honig oder ½ Banane mitpürieren.

WILDBERRY-SMOOTHIE

Pro Portion **21,9 g** Protein

NÄHRWERTE:
208 KCAL/12,4 G KH/6,5 G F

ZUTATEN:

100 g gemischte Beeren, z. B. Himbeeren, Brombeeren, Erdbeeren und Heidelbeeren
150 g körniger Frischkäse (0,8 %)
10 g Cashewmus
1 Msp. Vanillepulver
100 ml Wasser

1. Beeren waschen, trocken tupfen und das Grün entfernen.
2. Alle Zutaten in einen Mixer geben und pürieren. Je nach gewünschter Konsistenz noch etwas mehr Wasser hinzufügen und mixen.

Tipps und Variationen:
Körnigen Frischkäse kannst du durch vegane Frischkäse-Alternativen auf Cashew- oder Mandelbasis oder auch griechischen Naturjoghurt ersetzen.

Zum Süßen 1 TL Erythrit, ½ TL Honig oder 1 getrocknete Dattel mitpürieren.

Anstelle von Cashewmus eignet sich auch weißes Mandelmus.

HASELNUSS-HIT

Pro Portion **23,9 g** Protein

NÄHRWERTE:
359 KCAL/34,3 G KH/12,2 G F

ZUTATEN:

- 1 Banane (ca. 140 g)
- 15 g Haselnusskerne oder gemahlene Haselnüsse
- 150 g körniger Frischkäse (0,8 %)
- 2 TL schwach entöltes Kakaopulver
- 100 ml Wasser

1. Banane schälen und klein schneiden.
2. Alle Zutaten in einen Mixer geben und pürieren. Je nach gewünschter Konsistenz noch etwas mehr Wasser hinzufügen und mixen.

Tipps und Variationen:
Körnigen Frischkäse kannst du durch vegane Frischkäse-Alternativen auf Cashew- oder Mandelbasis ersetzen.

Anstatt Haselnüssen schmecken auch Mandeln oder Cashewkerne gut.

Zum Süßen 1 TL Erythrit, ½ TL Honig oder 1 getrocknete Dattel mitpürieren.

HAPPY-DAY-SMOOTHIE

Pro Portion
26,3 g
Protein

NÄHRWERTE:
328 KCAL/42,9 G KH/2,6 G F

ZUTATEN:

1 Orange
½ Banane (ca. 70 g)
200 g Skyr (0,2 %)
1 Msp. Vanillepulver
1 TL geschälte Hanfsamen
50–100 ml kaltes Wasser (optional)

1. Orange und Banane schälen und in grobe Stücke zerteilen.
2. Alle Zutaten (bis auf das Wasser) in einen Mixer geben und pürieren. Je nach gewünschter Konsistenz noch etwas Wasser hinzufügen und mixen.

Tipps und Variationen:
Skyr lässt sich durch eine Mischung aus 100 g Magerquark und 100 g griechischem Joghurt ersetzen. Für eine vegane Variante gibt es zum Beispiel Sojajoghurt nach Skyr-Style.

Zum Süßen 1 TL Erythrit, ½ TL Honig oder 1 getrocknete Dattel mitpürieren.

WATERMELON PUNCH

Pro Portion **25,9 g** Protein

NÄHRWERTE:
182 KCAL/15,7 G KH/2,1 G F

ZUTATEN:

- 150 g Wassermelonen-Fruchtfleisch
- 200 g körniger Frischkäse (0,8 %)
- 1 Msp. Vanillepulver

1. Wassermelone in grobe Stücke schneiden.
2. Alle Zutaten in einen Mixer geben und pürieren.

Tipps und Variationen:
Anstatt Wassermelone schmeckt auch Honigmelone gut.

Körnigen Frischkäse kannst du durch vegane Frischkäse-Alternativen auf Cashew- oder Mandelbasis oder auch durch griechischen Naturjoghurt ersetzen.

Zum Süßen kannst du 1 TL Erythrit, ½ TL Honig oder 1 getrocknete Dattel mitpürieren.

BIRNEN-BROMBEER-BOMBER

Pro Portion **23,6 g** Protein

NÄHRWERTE:
234 KCAL/29,4 G KH/2,2 G F

ZUTATEN:

- 50 g Brombeeren
- 1 Birne (ca. 140 g)
- 200 g Skyr (0,2 %)
- 2 Mandelkerne oder 1 EL gemahlene Mandeln
- 1 Msp. Vanillepulver
- 50–100 ml kaltes Wasser (optional)

1. Brombeeren waschen, trocken tupfen und das Grün entfernen.
2. Birne waschen, entkernen und in grobe Stücke schneiden.
3. Alle Zutaten (bis auf das Wasser) in einen Mixer geben und pürieren. Je nach gewünschter Konsistenz noch etwas Wasser hinzufügen und mixen.

Tipps und Variationen:
Als Ersatz für Brombeeren schmecken auch andere Beeren wie Himbeeren, Heidelbeeren, Erdbeeren oder eine Beerenmischung.

Skyr lässt sich durch eine Mischung aus 100 g Magerquark und 100 g griechischem Naturjoghurt ersetzen. Für eine vegane Variante gibt es zum Beispiel Sojajoghurt nach Skyr-Style.

Zum Süßen 1 TL Erythrit, ½ TL Honig oder 1 getrocknete Dattel mitpürieren.

RED JOY

Pro Portion
21 g
Protein

NÄHRWERTE:
328 KCAL/50,1 G KH/4 G F

ZUTATEN:

- 50 g Rote Bete (frisch oder vorgekocht)
- ½ Apfel, z. B. Granny Smith oder Royal Gala (ca. 70 g)
- ½ Banane (ca. 70 g)
- 150 g Skyr (0,2 %)
- 10 g zarte Haferflocken
- 1–2 Mandelkerne oder 1 EL gemahlene Mandeln
- 2 getrocknete, entsteinte Datteln
- 100 ml Wasser

Tipps und Variationen:
Anstatt Banane kannst du auch ca. 70 g Mango verwenden, die Haferflocken lassen sich durch Quinoaflocken ersetzen und die Mandeln durch Haselnüsse.

Statt Skyr kannst du eine Mischung aus 50 g Magerquark und 100 g griechischem Naturjoghurt nehmen. Für eine vegane Variante gibt es zum Beispiel Sojajoghurt nach Skyr-Style.

Für etwas mehr Süße einfach noch 1 TL Erythrit oder ½ TL Honig mitpürieren.

1. Rote Bete putzen und schälen. Apfel waschen und Kerngehäuse entfernen. Rote Bete und Apfel in grobe Stücke schneiden.
2. Banane schälen und in grobe Stücke brechen.
3. Alle Zutaten in einen Mixer geben und pürieren. Je nach gewünschter Konsistenz noch etwas mehr Wasser hinzufügen und mixen.

FEIGEN-CASHEW-SMOOTHIE

Pro Portion **25,2 g** Protein

NÄHRWERTE:
287 KCAL/33,7 G KH/5,6 G F

ZUTATEN:

- ½ Apfel, z. B. Royal Gala oder Elstar (ca. 70 g)
- 2 frische Feigen
- 200 g Skyr 0,2 %)
- 4 Cashewkerne
- ½ TL Honig oder Süßungsmittel nach Belieben
- 50–100 ml kaltes Wasser (optional)

1. Apfel waschen, entkernen und in grobe Stücke schneiden.
2. Feigen waschen und den Stiel entfernen.
3. Alle Zutaten (bis auf das Wasser) in einen Mixer geben und pürieren. Je nach gewünschter Konsistenz noch etwas Wasser hinzufügen und mixen.

Tipps und Variationen:
Anstatt Cashewkernen schmecken auch blanchierte Mandeln.

Skyr kannst du durch eine Mischung aus 100 g Magerquark und 100 g griechischem Naturjoghurt ersetzen. Für eine vegane Variante gibt es zum Beispiel Sojajoghurt nach Skyr-Style.

Für etwas mehr Süße einfach noch 1 TL Erythrit oder ½ Banane mitpürieren.

SCHWARZWÄLDER-KIRSCH-SMOOTHIE

Pro Portion
27,4 g
Protein

NÄHRWERTE:
273 KCAL/22,2 G KH/7,2 G F

ZUTATEN:

- 100 g entsteinte Kirschen oder Sauerkirschen (frisch oder ungesüßt aus dem Glas)
- 200 g Skyr (0,2 %)
- 1 EL schwach entöltes Kakaopulver
- 1 EL geschälte Hanfsamen (optional)
- 50–100 ml kaltes Wasser (optional)

Alle Zutaten (bis auf das Wasser) in einen Mixer geben und pürieren. Je nach gewünschter Konsistenz noch etwas Wasser hinzufügen und mixen.

Tipps und Variationen:
Skyr lässt sich durch eine Mischung aus 100 g Magerquark und 100 g griechischem Naturjoghurt ersetzen. Für eine vegane Variante gibt es zum Beispiel Sojajoghurt nach Skyr-Style.

Zum Süßen 1 TL Erythrit, ½ TL Honig oder 1 getrocknete Dattel mitpürieren.

Für den Extra-Schoko-Kick noch 1 Stückchen Schokolade mit hohem Kakaoanteil mitmixen.

VITAL-ORANGE-SMOOTHIE

Pro Portion
27,4 g
Protein

NÄHRWERTE:
264 KCAL/22,2 G KH/6,3 G F

ZUTATEN:

2 Mandarinen
100 ml Eiklar
100 g Magerquark
1 Msp. gemahlene Kurkuma
1 EL geschälte Hanfsamen
50–100 ml kaltes Wasser (optional)

1. Mandarinen schälen und in grobe Stücke teilen.
2. Alle Zutaten (bis auf das Wasser) in einen Mixer geben und pürieren. Je nach gewünschter Konsistenz noch etwas Wasser hinzufügen und mixen.

Tipps und Variationen:
Für eine vegane Variante Eiklar und Magerquark durch 200 g Soja- oder Mandeljoghurt ersetzen.

Zum Süßen 1 TL Erythrit, ½ TL Honig oder 1 getrocknete Dattel mitpürieren.

CHERRY POWER

Pro Portion **23,4 g** Protein

NÄHRWERTE:
190 KCAL/17,1 G KH/2,2 G F

ZUTATEN:

100 g entsteinte Kirschen (frisch oder ungezuckerte TK-Sauerkirschen)
100 g griechischer Joghurt Natur (0,2 %)
100 ml Eiklar
1 TL Chiasamen (optional)

Alle Zutaten in einen Mixer geben und cremig pürieren.

Tipps und Variationen:
Schmeckt auch lecker mit Schokonote. Dazu 2 TL schwach entöltes Kakaopulver mitpürieren.

Für eine vegane Variante griechischen Joghurt und Eiklar durch 200 g Soja- oder Mandeljoghurt ersetzen.

Zum Süßen 1 TL Erythrit, ½ TL Honig oder 1 getrocknete Dattel mitmixen.

EVER-GREEN-SHAKE

Pro Portion **19,5 g** Protein

NÄHRWERTE:
368 KCAL/24,7 G KH/16,5 G F

ZUTATEN:

- ½ Banane (ca. 70 g)
- 1 Kiwi
- ½ Avocado (ca. 70 g)
- 1 Zweig Minze
- 120 ml Eiklar
- 100 ml ungesüßter Mandeldrink
- 10 g Hanfsamen
- 50–100 ml kaltes Wasser oder Eiswürfel (optional)

1. Banane und Kiwi schälen und in grobe Stücke zerschneiden.
2. Avocado entkernen und Fruchtfleisch aus der Schale lösen.
3. Minze waschen, trocken schütteln und die Blätter abzupfen.
4. Alle Zutaten (bis auf das Wasser) in einen Mixer geben und pürieren. Je nach gewünschter Konsistenz noch etwas kaltes Wasser oder Eiswürfel hinzufügen und mixen.

Tipps und Variationen:
Für eine vegane Variante Eiklar durch 120 g Soja- oder Mandeljoghurt ersetzen.

Zum Süßen 1 TL Erythrit, ½ TL Honig oder 1 getrocknete Dattel mitpürieren.

KIWI-PISTAZIEN-DRINK

Pro Portion **24,3 g** Protein

NÄHRWERTE:
334 KCAL/35,7 G KH/8,6 G F

ZUTATEN:

- ½ Apfel (ca. 70 g)
- 1 Kiwi
- ½ Banane (ca. 70 g)
- 15 g Pistazienkerne
- 100 ml Eiklar
- 100 g griechischer Joghurt Natur (0,2 %)
- 50–100 ml kaltes Wasser (optional)

1. Apfel waschen, Kerngehäuse entfernen und Fruchtfleisch grob zerkleinern.
2. Kiwi und Banane schälen und in grobe Stücke schneiden.
3. Pistazien grob hacken.
4. Alle Zutaten (bis auf das Wasser) in einen Mixer geben und pürieren. Je nach gewünschter Konsistenz noch etwas Wasser hinzufügen und mixen.

Tipps und Variationen:
Für eine vegane Variante griechischen Joghurt und Eiklar durch 200 g Soja- oder Mandeljoghurt ersetzen.

Zum Süßen 1 TL Erythrit, ½ TL Honig oder 1 getrocknete Dattel mitpürieren.

STRAWBERRY FEELINGS

Pro Portion
18,5 g
Protein

NÄHRWERTE:
432 KCAL/38,2 G KH/20,9 G F

ZUTATEN:

80 g Erdbeeren
½ Banane (ca. 70 g)
30 g geschälte Hanfsamen
20 g Haferflocken
150 ml fettarme Milch (1,5 %)
1 EL Zitronensaft
50–100 ml kaltes Wasser (optional)

1. Erdbeeren waschen, trocken tupfen und das Grün entfernen.
2. Banane schälen und in grobe Stücke brechen.
3. Alle Zutaten (bis auf das Wasser) in einen Mixer geben und pürieren. Je nach gewünschter Konsistenz noch etwas Wasser hinzufügen und mixen.

Tipps und Variationen:
Anstatt Hanfsamen kannst du auch Hanfprotein- oder Reisproteinpulver verwenden.

Zum Süßen 1 TL Erythrit, ½ TL Honig oder 1 getrocknete Dattel mitpürieren.

Milch lässt sich durch Pflanzendrink nach Belieben (z. B. Mandel- oder Sojadrink) oder durch Wasser ersetzen.

THINK-PINK-SMOOTHIE

Pro Portion
21 g
Protein

NÄHRWERTE:
243 KCAL/7,4 G KH/13,2 G F

ZUTATEN:

- 100 g Erdbeeren
- 100 g Tofu
- 150 ml Sojadrink, ungesüßt
- 1 TL weißes Mandelmus oder Cashewmus
- 1 Msp. Vanillepulver
- 50–100 ml kaltes Wasser (optional)

1. Erdbeeren waschen, trocken tupfen und das Grün entfernen.
2. Tofu in grobe Stücke schneiden.
3. Alle Zutaten (bis auf das Wasser) in einen Mixer geben und pürieren. Je nach gewünschter Konsistenz noch etwas Wasser hinzufügen und mixen.

Tipps und Variationen:
Sojadrink lässt sich durch einen anderen Pflanzendrink (z. B. Mandel- oder Haferdrink) oder auch durch Wasser ersetzen.

Anstatt Cashew- oder Mandelmus kannst du 2 Cashew- oder blanchierte Mandelkerne mitpürieren.

HAPPY-DATE-SHAKE

Pro Portion **14,8 g** Protein

NÄHRWERTE:
340 KCAL/37,1 G KH/9,7 G F

ZUTATEN:

- 200 ml Mandeldrink, ungesüßt
- 1 EL Mandelmus
- 150 g weiße Bohnen (gekocht)
- 40 g getrocknete, entsteinte Datteln
- 10 g Haferflocken
- 1 Prise Vanillepulver
- 1 Prise gemahlener Zimt
- 50–100 ml kaltes Wasser (optional)

Alle Zutaten (bis auf das Wasser) in einen Mixer geben und pürieren. Je nach gewünschter Konsistenz noch etwas Wasser hinzufügen und mixen.

Tipps und Variationen:
Mandeldrink lässt sich durch einen anderen Pflanzendrink (z. B. Soja- oder Haferdrink) oder auch durch Milch ersetzen.

Für etwas mehr Süße einfach noch 1 TL Erythrit oder ½ Banane mitpürieren.

SILKY ZITRUS

Pro Portion **20,5 g** Protein

FÜR 2 PORTIONEN
351 KCAL/39,9 G KH/9,6 G F

ZUTATEN:

- 1 Orange
- ½ Grapefruit
- 100 g Tofu
- 100 ml ungesüßter Sojadrink
- Saft von 1 Limette
- 1 Prise gemahlener Zimt
- ½ TL Honig
- 50–100 ml kaltes Wasser (optional)

1. Orange und Grapefruit schälen und in grobe Stücke zerteilen.
2. Tofu in grobe Stücke schneiden.
3. Alle Zutaten (bis auf das Wasser) in einen Mixer geben und pürieren. Je nach gewünschter Konsistenz noch etwas Wasser hinzufügen und mixen.

Tipps und Variationen:
Sojadrink lässt sich durch einen anderen Pflanzendrink (z. B. Mandel- oder Haferdrink) oder auch durch Wasser ersetzen.

Anstatt Honig 1 TL Erythrit, ½ Banane oder Süßungsmittel nach Belieben verwenden.

CHERRY BANANA BOMB

Pro Portion **20,6 g** Protein

NÄHRWERTE:
309 KCAL/29,2 G KH/10,2 G F

ZUTATEN:

- ½ Banane (ca. 70 g)
- 100 g Tofu
- 100 g entsteinte Kirschen (frisch oder ungezuckerte TK-Sauerkirschen)
- 1 EL Zitronensaft
- 150 ml Sojadrink, ungesüßt
- 1 Msp. Vanillepulver
- 50–100 ml kaltes Wasser (optional)

1. Banane schälen und in grobe Stücke brechen.
2. Tofu in grobe Stücke schneiden.
3. Alle Zutaten (bis auf das Wasser) in einen Mixer geben und pürieren. Je nach gewünschter Konsistenz noch etwas Wasser hinzufügen und mixen.

Tipps und Variationen:
Sojadrink lässt sich durch einen anderen Pflanzendrink (z. B. Mandel- oder Haferdrink) oder durch Wasser ersetzen.

SMOOTHIE CHOC-BEAN-STYLE

Pro Portion 16,8 g Protein

NÄHRWERTE:
308 KCAL/23,9 G KH/13,3 G F

ZUTATEN:

- 150 ml Mandeldrink, ungesüßt
- 2 TL schwach entöltes Kakaopulver
- 1 EL Mandelmus
- 5 Mandelkerne
- 150 g weiße Bohnen (gekocht)
- ½ TL Honig oder Süßungsmittel nach Belieben
- 1 Prise gemahlener Zimt
- 100 ml Wasser

Alle Zutaten in einen Mixer geben und pürieren. Je nach gewünschter Konsistenz noch etwas mehr Wasser hinzufügen und mixen.

Tipps und Variationen:
Mandeldrink lässt sich durch einen anderen Pflanzendrink (z. B. Soja- oder Haferdrink) oder auch durch Milch ersetzen.

Für etwas mehr Süße einfach noch 1 TL Erythrit oder ½ Banane mitpürieren.

Gut schmeckt auch:
1 Stückchen Schokolade mit hohem Kakaoanteil mitmixen.

GREEN HULK

Pro Portion
17,6 g
Protein

NÄHRWERTE:
421 KCAL/30,5 G KH/23,9 G F

ZUTATEN:

½ Avocado (ca. 70 g)
30 g Blattspinat
1 Banane (ca. 70 g)
100 g Tofu
1 EL Zitronensaft
200 ml Wasser

1. Avocado entkernen und Fruchtfleisch aus der Schale lösen.
2. Blattspinat waschen und verlesen.
3. Banane schälen und in grobe Stücke brechen.
4. Tofu in grobe Stücke schneiden.
5. Alle Zutaten in einen Mixer geben und pürieren. Je nach gewünschter Konsistenz noch etwas mehr Wasser hinzufügen und mixen.

Tipps und Variationen:
Für etwas mehr Süße 1 TL Erythrit, ½ TL Honig oder 1 getrocknete Dattel mitpürieren.

TRAUBEN-POWERDRINK

Pro Portion **15 g** Protein

NÄHRWERTE:
375 KCAL/26,5 G KH/21,4 G F

ZUTATEN:

- 1 kleine Handvoll Feldsalat
- 1 Zweig Minze
- 75 g helle kernlose Weintrauben
- ½ Banane (ca. 70 g)
- 40 g geschälte Hanfsamen
- 1 TL Zitronen- oder Limettensaft
- 100 ml Wasser

1. Salat und Minze waschen, Salat verlesen.
2. Weintrauben waschen.
3. Banane schälen und in grobe Stücke brechen.
4. Alle Zutaten in einen Mixer geben und pürieren. Je nach gewünschter Konsistenz noch etwas mehr Wasser hinzufügen und mixen.

Tipps und Variationen:
Anstatt Hanfsamen kannst du auch Hanfprotein- oder Reisproteinpulver verwenden.

Zum Süßen 1 TL Erythrit, ½ TL Honig oder 1 getrocknete Dattel mitpürieren.

KOSTENLOSES BONUSMATERIAL ZUM BUCH

Auf **happyfitfood.de/Fitness-Shakes** habe ich dir weitere Tipps und Produktempfehlungen für deine Fitness-Shakes zusammengestellt. Außerdem steht ein Bonus-E-Book mit Rezepten für leckere Protein-Riegel, Protein-Bällchen und Protein-Cookies zum Download bereit!

Herzliche Grüße
Veronika Pichl

ÜBER DIE AUTORIN

Veronika Pichl ist Autorin zahlreicher Kochbücher und Ratgeber. Mit ihren Büchern und ihrem Blog-Magazin »HappyFitFood – Gesunde Ernährung mit Fun-Faktor« möchte sie ihre Leser zu einem gesünderen und glücklicheren Leben inspirieren. Im riva Verlag sind bereits viele erfolgreiche Bücher von ihr erschienen. Sie lebt mit ihrem Mann und ihren beiden Kindern im schönen Mittelfranken. Mehr Infos zur Autorin und ihren Büchern findest du auf **www.veronikapichl.de**. Im Blog-Magazin von Veronika Pichl auf **www.happyfitfood.de** erscheinen regelmäßig leckere Rezepte, Meal-Prep- und Lunchbox- Ideen. Außerdem gibt es wissenswerte Beiträge, um mehr Bewegung in den Alltag zu bringen und Kilos zu verlieren, aber auch Tipps, um seine Ziele zu erreichen – für eine nachhaltige Lebensweise und mehr Zufriedenheit im Leben.

PROTEINREICHE LEBENSMITTEL

Diese Übersicht zeigt dir den Proteingehalt diverser Lebensmittel. Damit kannst du dir einen Überblick über die jeweiligen Nährwerte verschaffen, wenn du zum Beispiel Lebensmittel in einem Rezept austauschen oder ergänzen möchtest. Die Nährwerte sind produktabhängig. Eine Übersicht von Produkten und Empfehlungen für Fitness-Shakes findest du auf **happyfitfood.de/Fitness-Shakes**.

Lebensmittel	Menge	P (in g)	KH (in g)	F (in g)	kcal
Whey Isolat neutral	30 g	27	0,6	0,3	111
Erbsenprotein Isolat neutral	30 g	25,1	0,1	0,4	106
Körniger Frischkäse 0,8 %	200 g	25	6,2	1,6	140
Sojaprotein Vanille	30 g	24,9	0,3	0	101
Proteinpulver Kasein Vanille	30 g	24	1,2	0,5	105
Magerquark 0,2 %	200 g	24	8,2	0,4	136
Proteinpulver Whey Vanille	30 g	23,4	1,6	1,4	112
Skyr	200 g	21,2	8	0,4	124
Griechischer Joghurt Natur 0,2 %	200 g	18	7	0,4	104
Hanfprotein	30 g	15	7,8	2,7	120
Quark-Alternative mit Mandelprotein	200 g	13,2	4	3,6	112
Quark-Alternative auf Sojabasis	200 g	12	0,4	6,8	124
Joghurt-Alternative auf Sojabasis Skyr-Style	200 g	11,6	0	6,6	120
Eiklar	100 ml	11,1	0,7	0	48
Weiße Bohnen	150 g	10,2	21,8	1,1	154
Sojajoghurt Natur	200 g	9,6	1	5,8	90
Seidentofu	150 g	7,7	1,8	3,2	66
Kichererbsen	100 g	7,1	15	2,7	128
Milch 1,5 %	200 ml	6,8	9,8	3	94
Kefir Natur	200 ml	6,8	7,6	3	84
Kokosdrink	200 ml	3,4	2,6	1	24
Kokosjoghurt Natur auf Kokosmilchbasis	200 g	2,8	10,2	15,4	194
Mandeldrink	200 ml	2,2	1	66	72
Grünkohl	50 g	2,2	1,3	0,5	23
Spinat	50 g	1,5	0,7	0,2	11
Haferdrink	200 ml	1,4	15,6	1,6	84
Mittlere Banane	140 g	1,4	28	0,3	130
½ Avocado	70 g	1,1	1,4	9,1	112
Reisdrink	200 ml	1	19,8	2,2	100
Mandeljoghurt auf Mandeldrink-Basis	200 g	1	10	6,6	104

PROTEINREICHE SAATEN, KERNE, NÜSSE UND CO.

Erhöhe den Proteingehalt deiner Fitness-Shakes durch Zugabe dieser Lebensmittel. Die Nährwerte sind produktabhängig.

Lebensmittel	Gewicht (in g)	P (in g)	KH (in g)	F (in g)	kcal
Kürbiskerne	10	3,4	0,3	4,2	55
Geschälte Hanfsamen	10	3	0,3	5,3	60
Erdnussbutter	10	3	0,7	5	60
Spirulina-Pulver	5	3	1	0,2	18
Chlorella-Pulver	5	2,9	0,9	0,6	20
Sonnenblumenkerne	10	2,7	1,2	4,9	61
Pistazienkerne	10	2,6	1	5	62
Mandelbutter	10	2,5	0,7	5,6	65
Mandelkerne	10	2,4	0,6	5,3	62
Chiasamen	10	2,2	0,4	3,3	46
Leinsamen	10	2,2	0,3	4,3	54
Mandelmus weiß	10	2,2	0,5	6,1	67
Mandelmus braun	10	2,2	0,8	5,3	62
Sesam, geschält	10	2,2	0,3	6,2	67
Pistazienkerne	10	1,8	1,2	5,2	61
Haselnusskerne	10	1,7	0,6	6,4	68
Walnusskerne	10	1,5	0,6	6,6	70
Haselnussmus	10	1,5	0,3	6,9	71
Haferflocken	10	1,4	5,9	0,7	37
Quinoaflocken	10	1,4	5,9	0,5	35
Quinoa gepufft	10	0,9	7,1	0,5	37
Kokosraspel	10	0,7	0,8	5,9	63

SHAKE-ÜBERSICHT MIT NÄHRWERTEN

Rezept	S.	P (in g)	KH (in g)	F (in g)	kcal
Purple Beauty	22	35,6	35,2	2,8	320
Mango-Vanille-Shake	24	24,9	34,7	5	297
Fruity Chocolate	25	25,9	20,5	4,1	235
Kürbis-Proteinshake	26	30,4	10,4	14,2	298
Cookie-Cream-Shake	28	41,5	21,2	4,8	297
Schoko-Mandel-Smoothie	29	29,4	8,7	14,6	287
Happy Raspberry	30	32,4	8,8	10,9	282
Peanutbutter-Oatmeal-Shake	32	28,8	43,2	9,4	390
Coconut Feeling	34	32,7	12,5	24,5	408
Ananas-Orange-Power	36	33,4	36,1	12	393
Peanutbutter-Chocolate-Frappuccino	37	26,2	2,7	7,1	176
Green Vital	38	27,2	36,4	4,1	300
Cremiger Schoko-Avocado-Shake	39	27	22,3	13,7	350
Green Joy	40	27,8	37,6	5,7	329
Peach Dream	41	25,8	26,5	3,2	242
Nektarine trifft Banane	42	31	52,4	4	381
Erdbeer-Mandel-Shake	43	27,9	7,7	11,2	250
Coffee-Cream-Smoothie	44	38,6	13,6	4,4	253
Beeriger Kokos-Shake	45	27,5	19,8	21,3	388
Apfel-Zimt-Smoothie	46	30,6	32,1	4,7	284
Detox-Protein-Shake	47	26,8	30,3	2	250
Vitamin-Booster	48	28,7	49	3,6	347
Grünes Kraftpaket	50	27,4	26,2	10,8	335
Orange Power	52	28,3	28,5	1,9	266
Brombeer-Nektarinen-Mix	53	33,6	33,2	7,2	340
Herzhafter Gemüse-Smoothie	54	26,4	9,1	1,8	177
Yellow-Cream-Drink	56	24,6	46,4	2,8	317
Banana-Split-Shake	57	24,8	41,1	3,2	307
Piña-Colada-Smoothie	58	25,6	20,1	14,4	316
Coconut-Coffee-Shake	59	22,9	10,5	14,4	263
Apfelstrudel-Smoothie	60	23,3	30,4	8,6	286
Cremiger Pflaumen-Shake	61	24,8	18,3	1,2	187
Stachelbeer-Kick	62	22,6	37,8	2,2	273
Zitrus-Blast	63	21,1	27,6	10,9	319
Fruity Green	64	22,5	21,8	6,5	235
Wildberry-Smoothie	65	21,9	12,4	6,5	208
Haselnuss-Hit	66	23,9	34,3	12,2	359
Happy-Day-Smoothie	67	26,3	42,9	2,6	328

Rezept	S.	P (in g)	KH (in g)	F (in g)	kcal
Watermelon Punch	68	25,9	15,7	2,1	182
Birnen-Brombeer-Bomber	70	23,6	29,4	2,2	234
Red Joy	71	21	50,1	4	328
Feigen-Cashew-Smoothie	72	25,2	33,7	5,6	287
Schwarzwälder-Kirsch-Smoothie	74	27,4	22,2	7,2	273
Vital-Orange-Smoothie	75	27,4	22,2	6,3	264
Cherry Power	76	23,4	17,1	2,2	190
Ever-Green-Shake	77	19,5	24,7	16,5	368
Kiwi-Pistazien-Drink	78	24,3	35,7	8,6	334
Strawberry Feelings	80	18,5	38,2	20,9	432
Think-pink-Smoothie	81	21	7,4	13,2	243
Happy-Date-Shake	82	14,8	37,1	9,7	340
Silky Zitrus	83	20,5	39,9	9,6	351
Cherry Banana Bomb	84	20,6	29,2	10,2	309
Smoothie Choc-Bean-Style	85	16,8	23,9	13,3	308
Green Hulk	86	17,6	30,5	23,9	421
Trauben-Powerdrink	88	15	26,5	21,4	375

ZUTATENREGISTER

BILDNACHWEIS

Shutterstock.com:

S. 3 oben links + S. 81: Katerina Maksymenko; S. 3 Mitte links + S. 87: Lecic; S. 89: Goskova Tatiana; S. 3 unten links + S. 23: Atsushi Hirao; S. 24: Vladislav Noseek; S. 25: SherSor; S. 4 oben links + S. 31: Lecic; S. 4 Mitte links + S. 66: Kati Finell; S. 4 unten links + S. 69: Lucky Business; S. 5 oben links+ S. 64: Ksenija Toyechkina; S. 5 Mitte links + S. 21 rechts + S. 36 + S. 43 + S. 58: Liliya Kandrashevich; S. 5 unten links + S. 79: 5PH; S. 6 oben links + S. 60 + S. 63 + S. 82 + S. 88: nblx; S. 6 Mitte links + S. 27 + S. 37 + S. 49 + S. 54: Pixel-Shot; S. 6 unten links + S. 21 links + S. 35: BestPix; S. 7: Sebastian Duda; S. 8: ESB Professional; S. 11: Vladislav Noseek; S. 13: NatalyaBond; S. 14: Marcus Z-pics; S. 15: MaraZe; S. 16: Tatiana Bralnina; S. 19: Elena Elisseeva; S. 28: tanjichica; S. 29: Brent Hofacker; S. 33: MagdaZarebska; S. 38: Little Hand Creations; S. 39: Liudmyla Chuhunova; S. 40 + S. 44: Elena Shashkina; S. 41: Wiktory; S. 42 + S. 56: ZOLDATOFF; S. 45: Israel Solorzano; S. 46: IRA_EVVA; S. 47: Svetlana-Parnikova; S. 51: Zhuo Wen Chen; S. 52: nadianb; S. 53: Mila Naumova; S. 55 links + S. 84: natashamam; S. 55 rechts + S. 85: Irina Rostokina; S. 57: yingko; S. 59: Elena Veselova; S. 61: Elisabeth Coelfen; S. 62: Slawek Tomas; S. 65: Galyna Nesterenko; S. 67: Bogdan Wankowicz; S. 70: GalinaSh; S. 71: barmalini; S. 73: Alexandra Anschiz; S. 74: pingpongcat; S. 75: Natalya Yudina; S. 76: Maslova Valentina; S. 77: tag2016; S. 80: P Maxwell Photography; S. 83: Wysmakowane;